# Inhaltsverzeichnis

AF198345

**1**

**2**

☐ €          ☐ €

☐ €          ☐ €

**3**

☐ €          ☐ €

☐ €          ☐ €

☐ €          ☐ €

**1**

**2**   €   €

  €   €

  €   €

Münzen und Scheine richtig einfärben.

€-Wert auf Münzen und Scheinen eintragen.

# Wie viel Geld ist es?

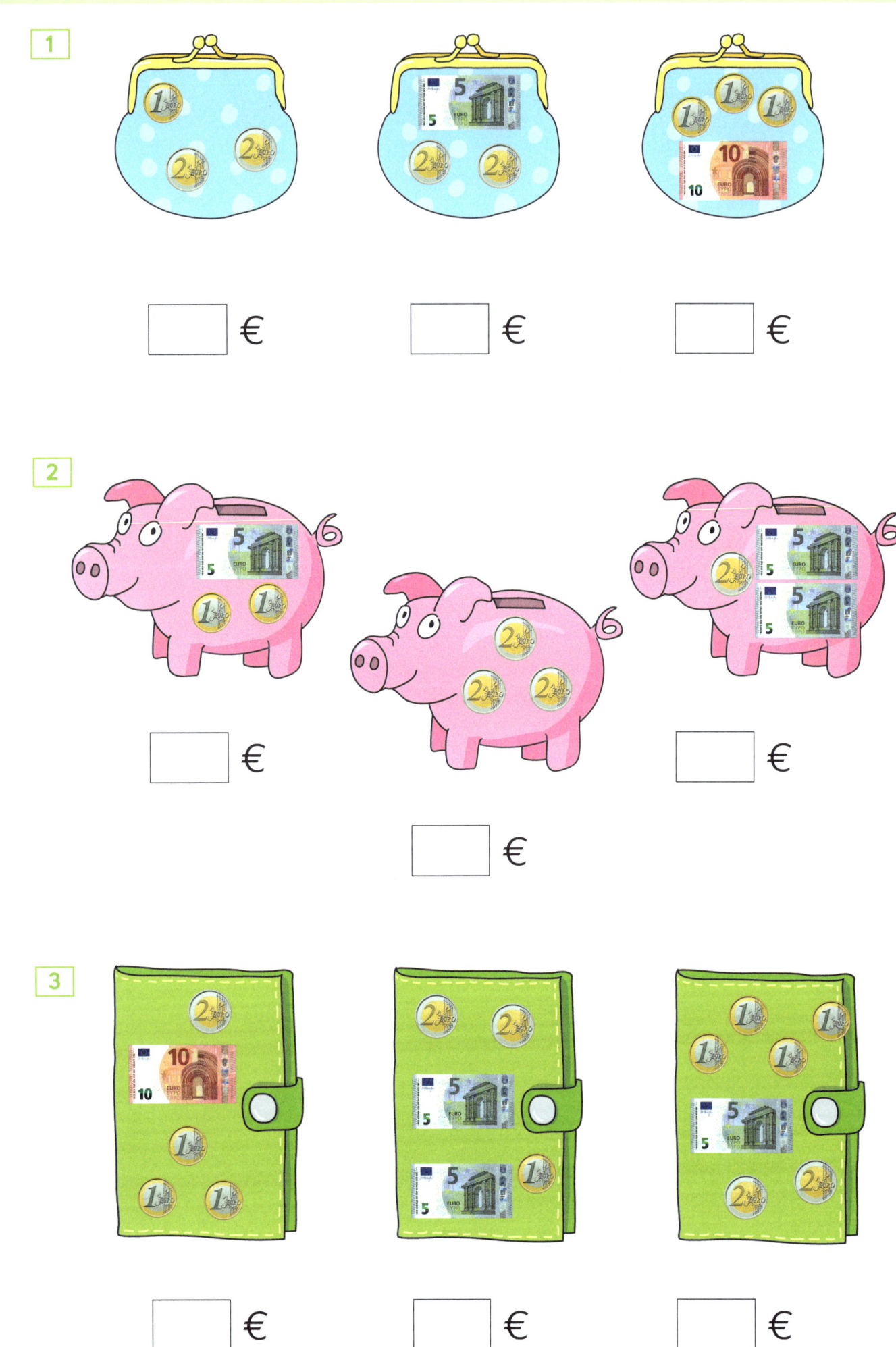

**1**

☐ €   ☐ €   ☐ €

**2**

☐ €   ☐ €

☐ €

**3**

☐ €   ☐ €   ☐ €

1 bis 3 Vorgegebenen Betrag erst mit Geld (Beilage) nachlegen.
Münzen und Scheine zusammenzählen, Betrag eintragen.

**1** Immer 3 €.

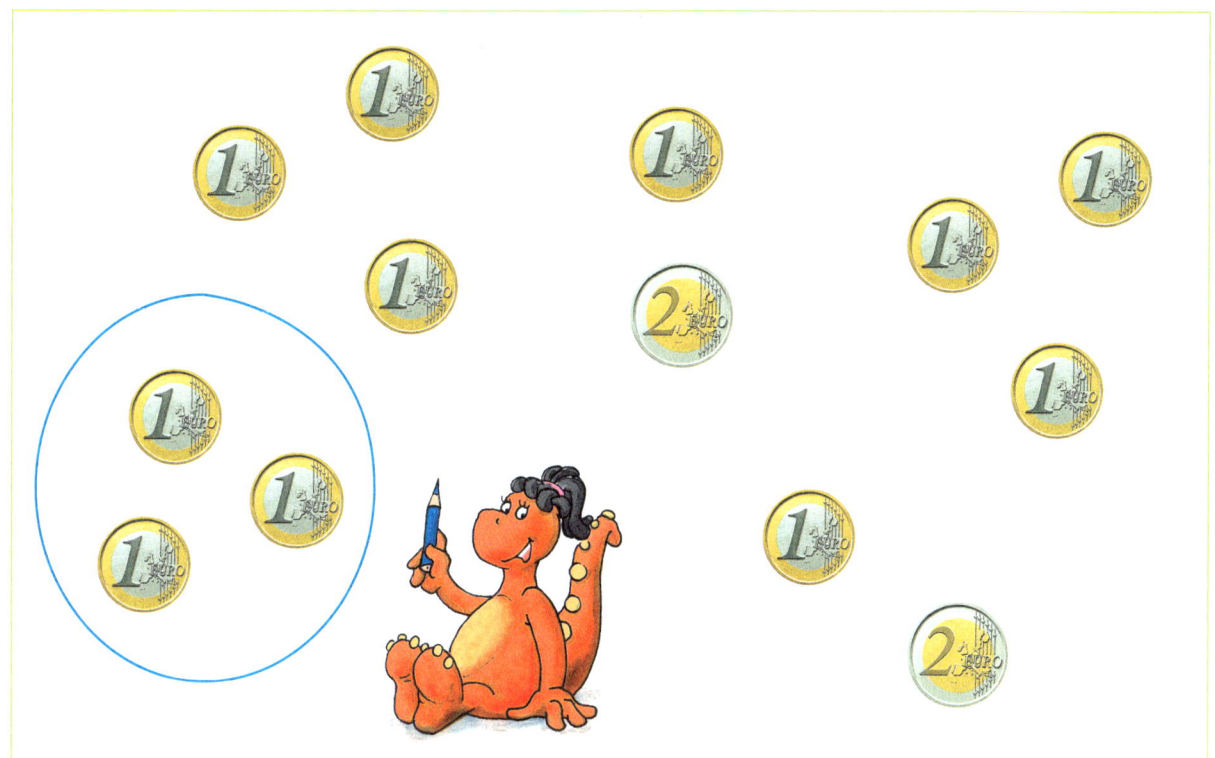

**2** Immer 4 €.

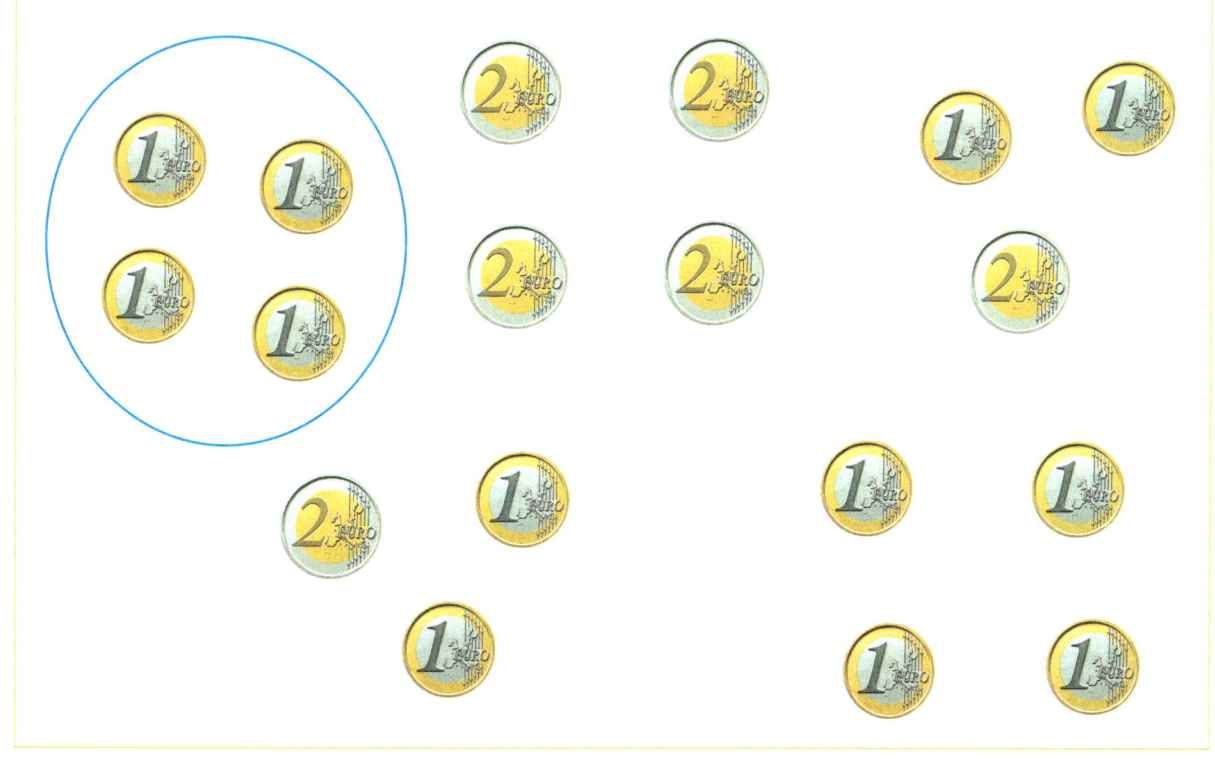

**1** Immer 6 €.

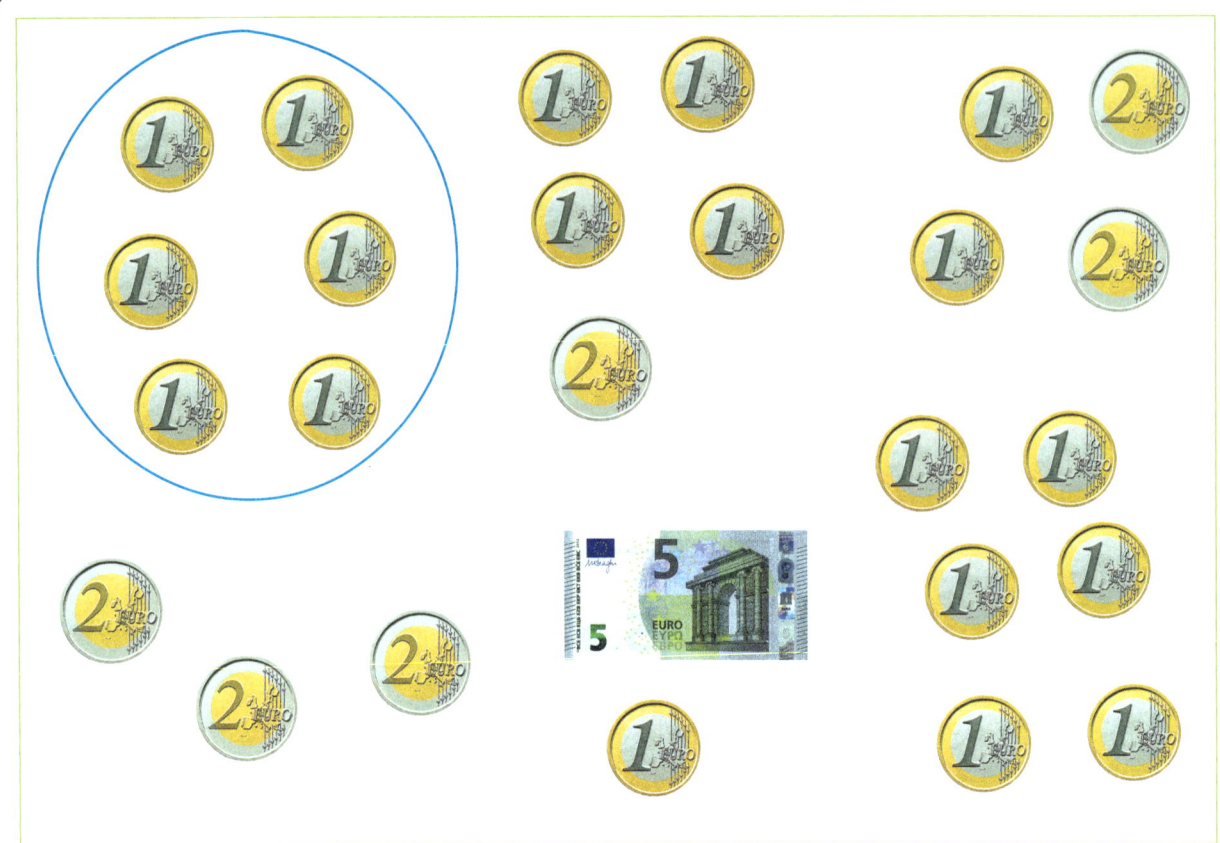

**2** Immer 8 €.

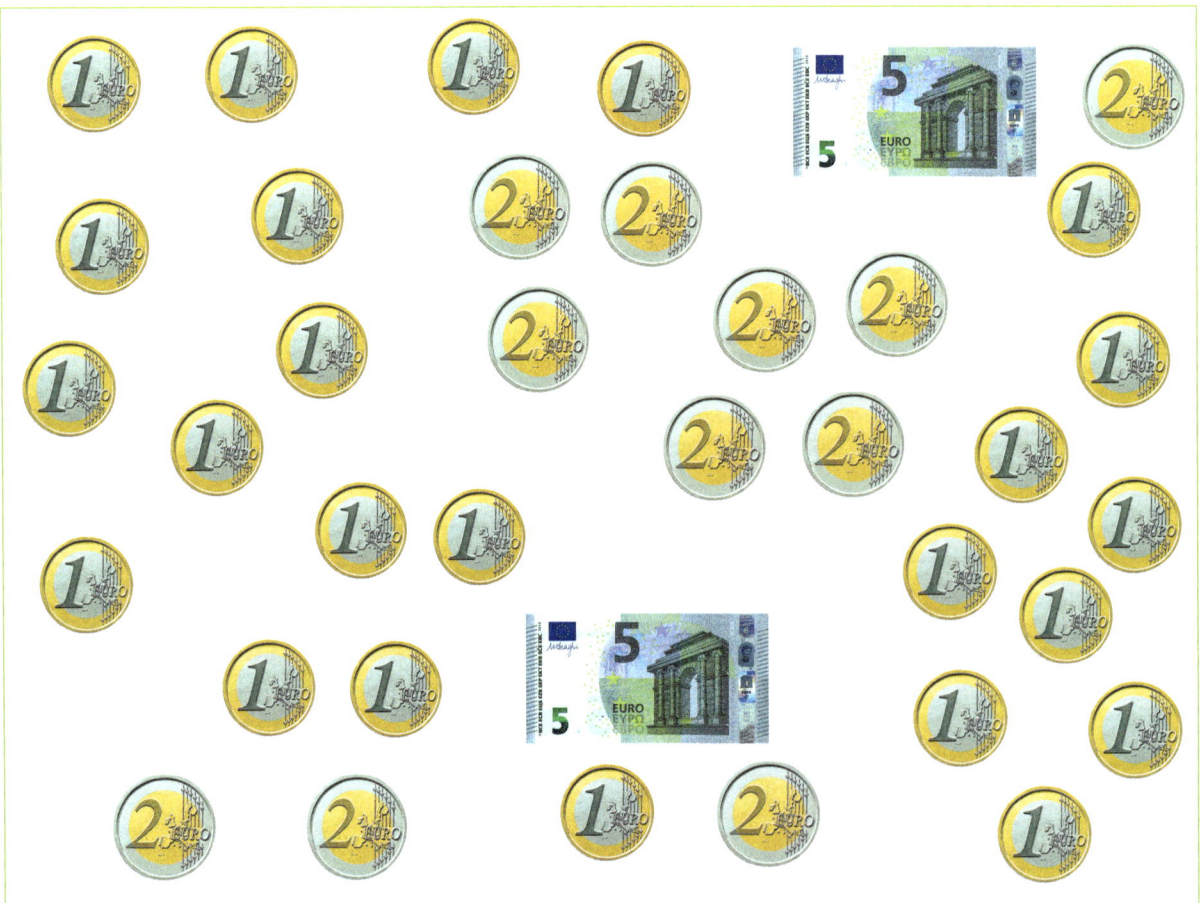

**1**

3 €

**2**

4 €

2 €

**3**

5 €

3 €

**4**

7 €

6 €

bis Geldwerte erst mit den Münzen der Beilage legen, dann Geldwerte eintragen.

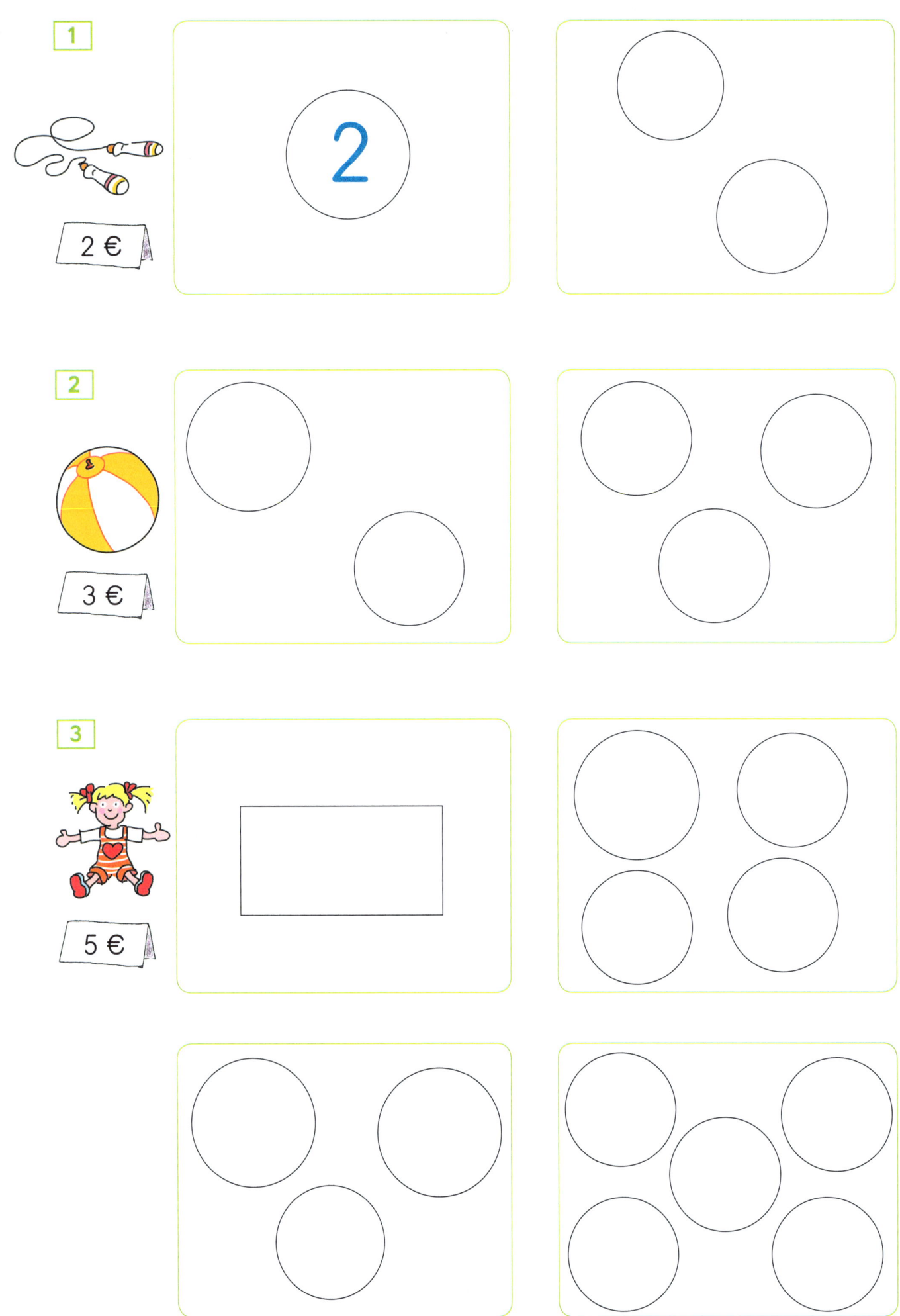

**1**

8 €

**2**

10 €

**3**

7 €

bis ● Geldwerte erst in das Feld legen, dann umkreisen und eintragen.

**1**

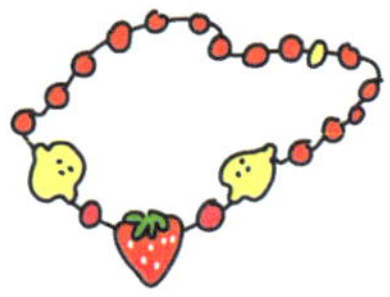

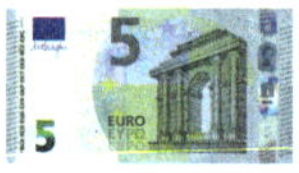

2 €    zurück: _3_ €

**2**

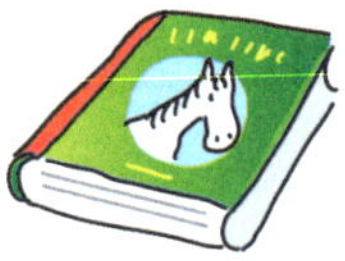

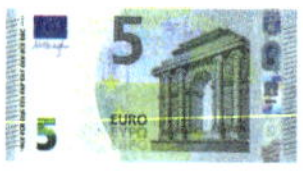

3 €    zurück: ___ €

**3**

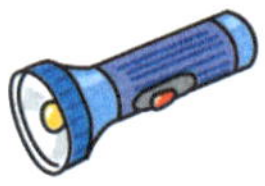

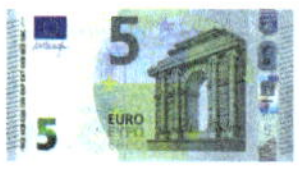

4 €    zurück: ___ €

**4**

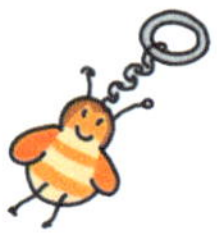

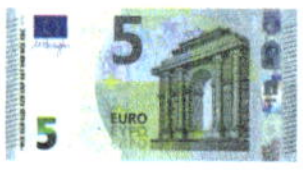

1 €    zurück: ___ €

**5**

3 €    zurück: ___ €

**6**

5 €    zurück: ___ €

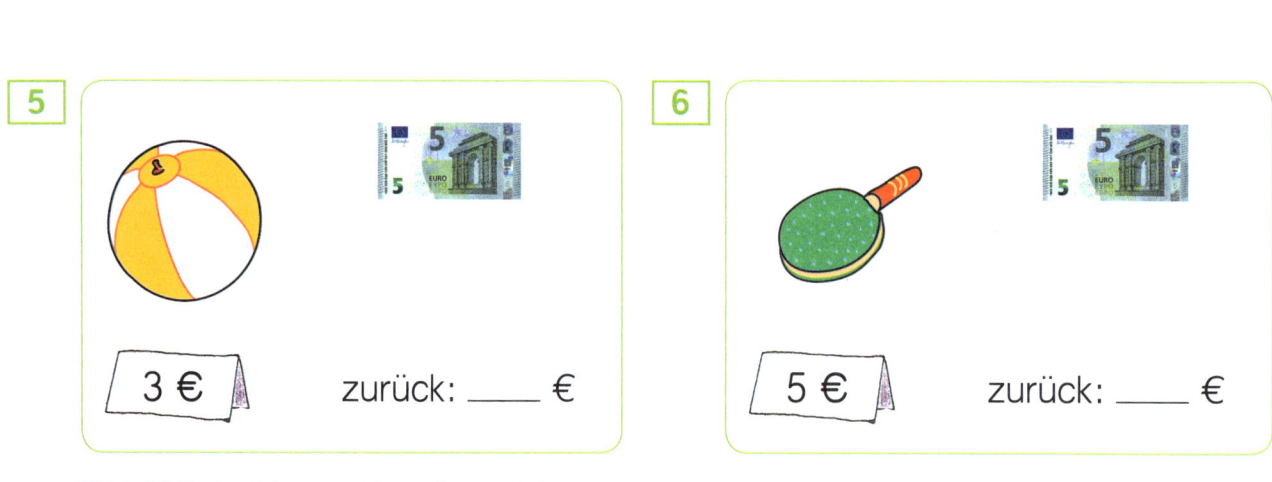

1 bis 6 Nachspielen, zurückgegebenen Betrag eintragen. Bei Bedarf Münzen in den Kasten malen.
Einzelne Euro als Hilfe nutzen.

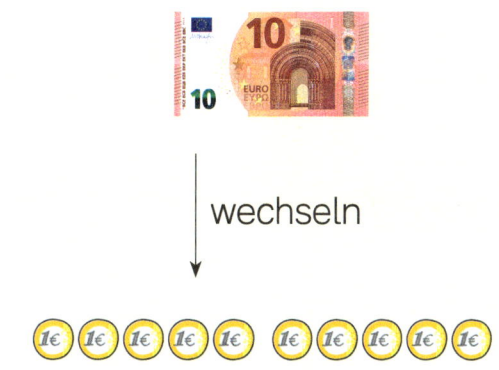

wechseln

**1**

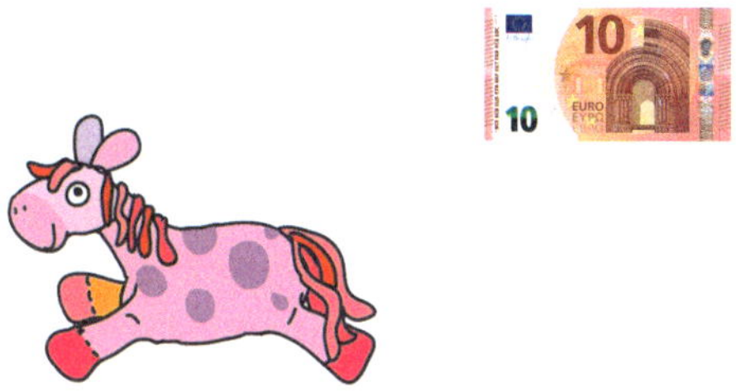

5 €     zurück: _____ €

**2**

8 €     zurück: _____ €

**3**

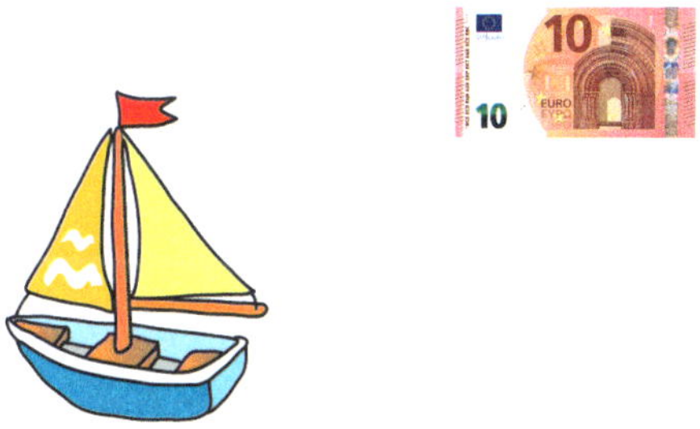

7 €     zurück: _____ €

**4**

4 €     zurück: _____ €

**5**

9 €     zurück: _____ €

**6**

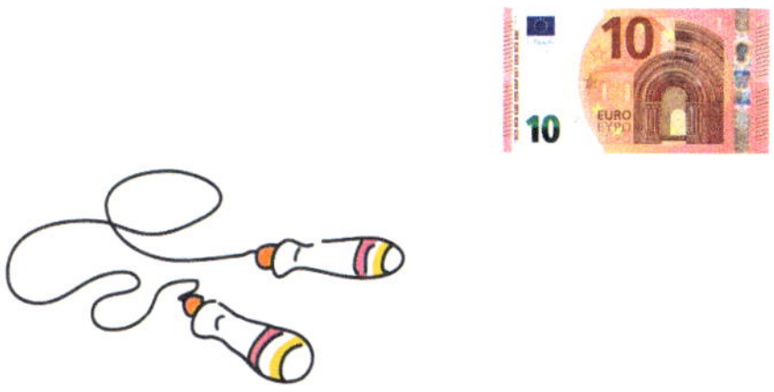

2 €     zurück: _____ €

bis   Nachspielen, zurückgegebenen Betrag eintragen. Bei Bedarf Münzen in den Kasten malen. Einzelne Euro als Hilfe nutzen.

1 Eigene Klecksbilder herstellen. 2 bis 6 Welche Bilder sind keine Klecksbilder? Diese durchstreichen.

Eigene Falt-Schnitt-Bilder herstellen.
bis Wo ist das Falt-Schnitt-Bild ausgeschnitten worden? Durchstreichen, was nicht passt.

# Spiegeln

1

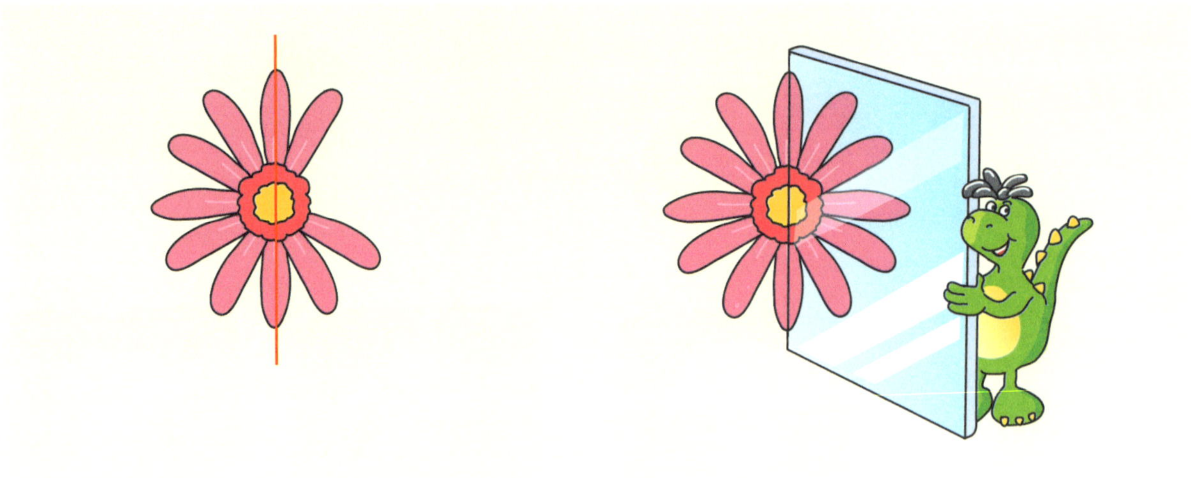

2

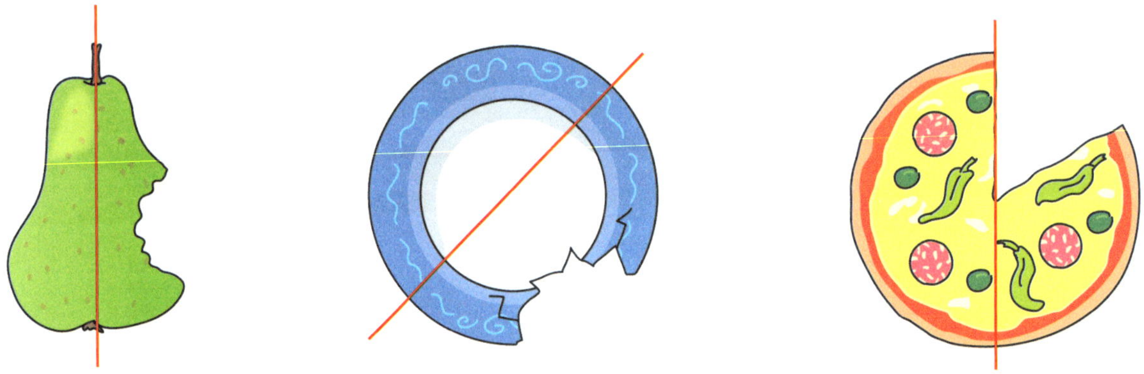

3

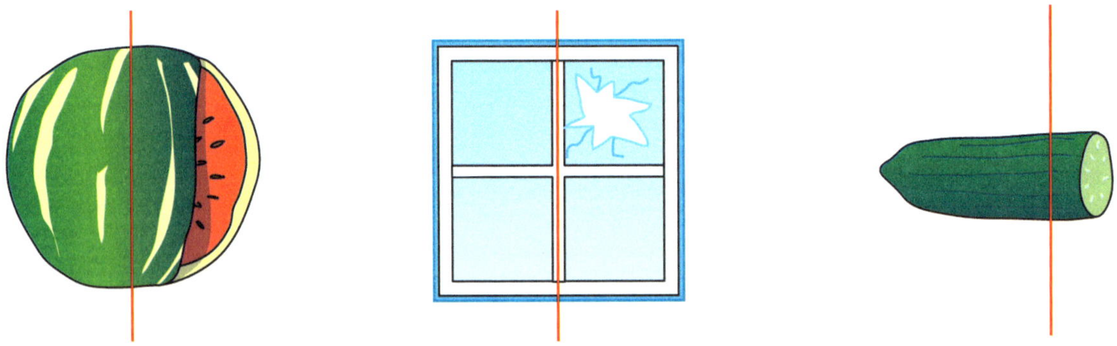

4

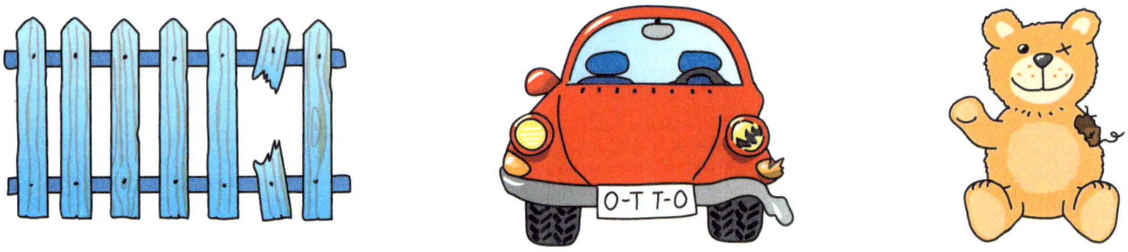


1 bis 4 Bilder mit dem Spiegel reparieren.

**1**

**2**

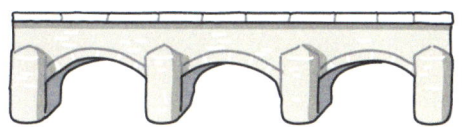

**3**

**4**

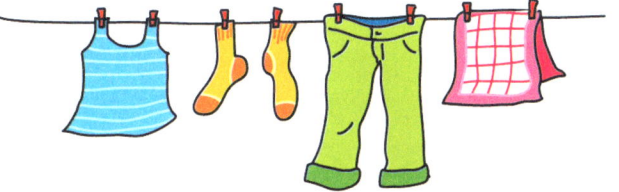

**5**

bis    Bilder mit dem Spiegel verlängern oder verkürzen.

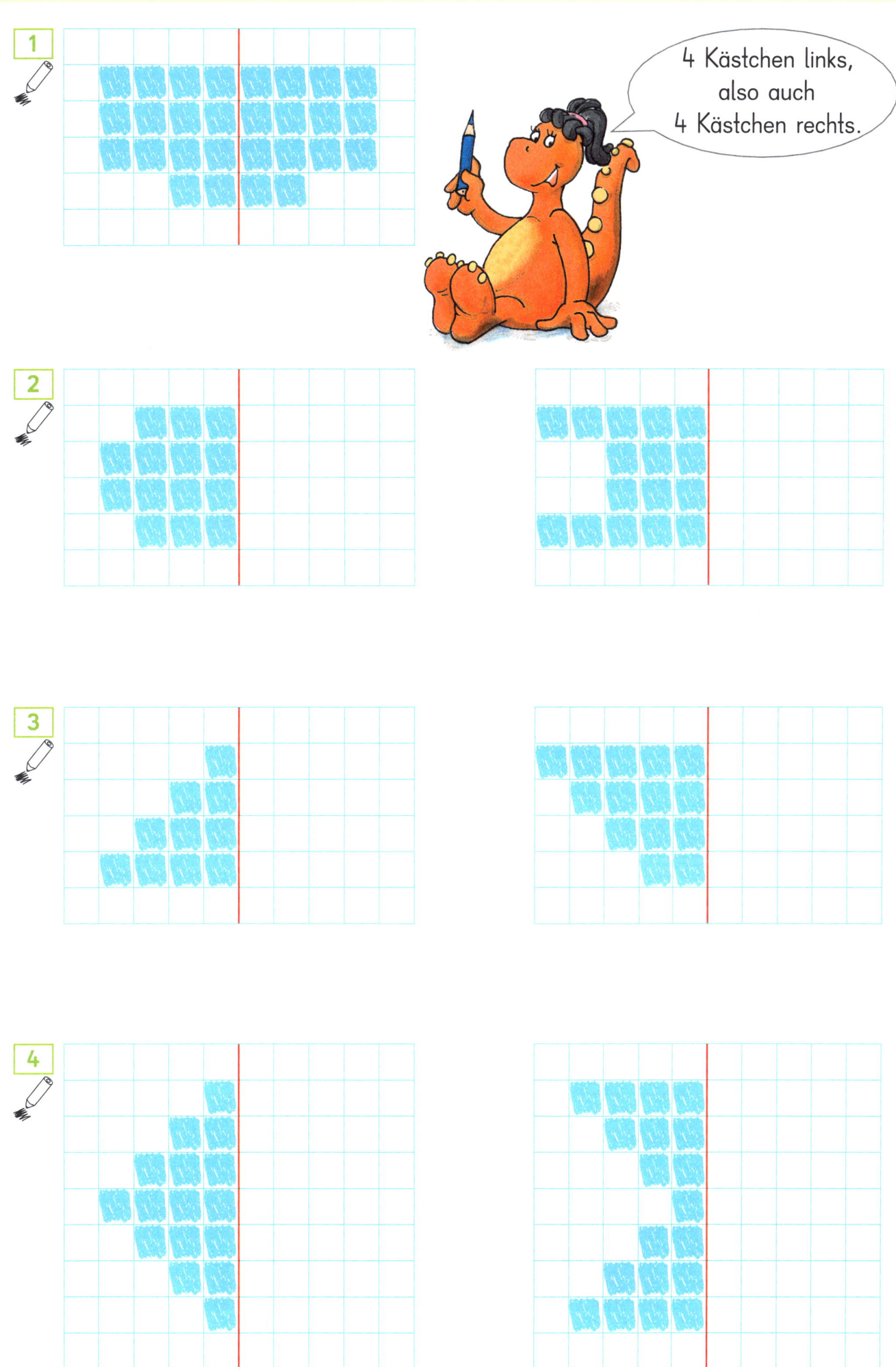

4 Kästchen links,
also auch
4 Kästchen rechts.

bis Spiegelbilder zeichnen.

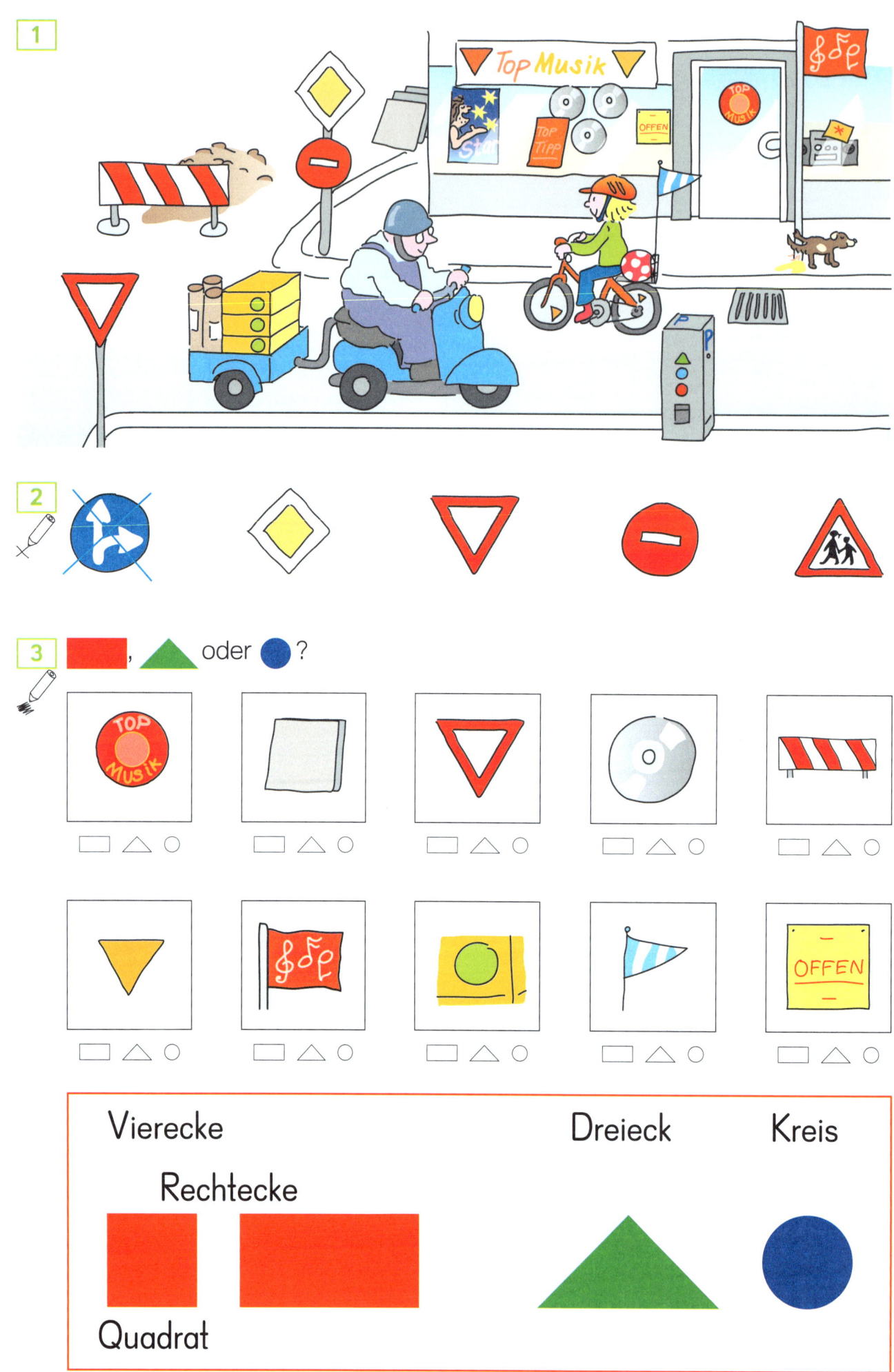

**1**

**2**

**3** ▬, ▲ oder ●?

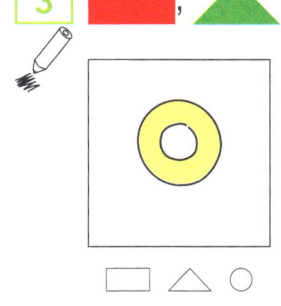  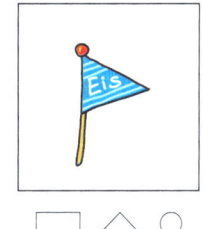  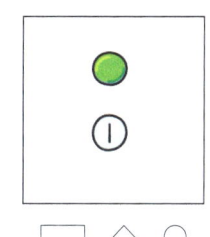

Zum Bild erzählen: Formen benennen und im Bild zeigen. Gegenstände im Bild finden, sonst durchstreichen. Form erkennen und mit passender Farbe aus dem Merkkasten anmalen.

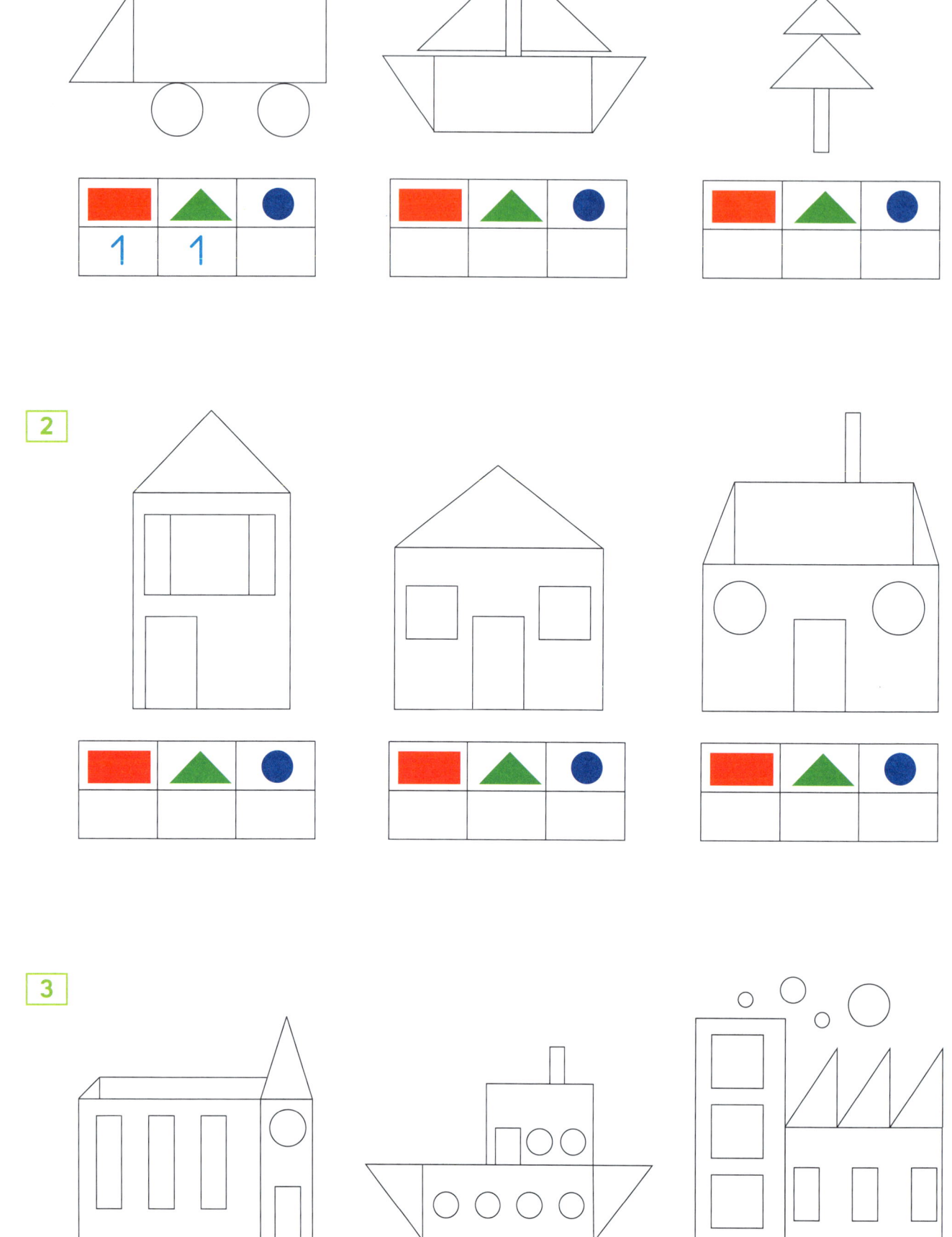

Rechengeld-Beilage A (941.200)

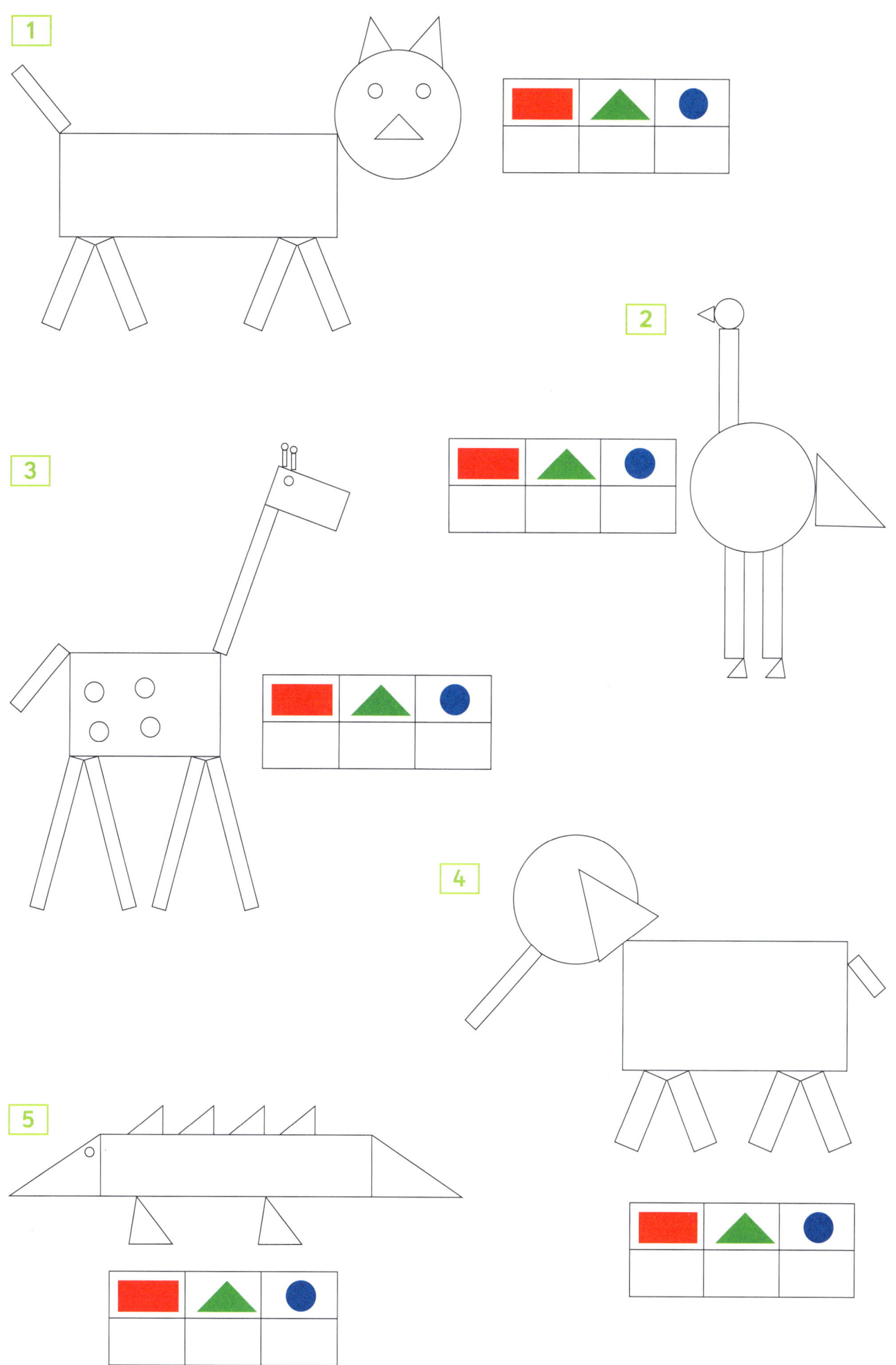

**1**

**2**

**3**

**4**

**5**

bis Wie viele Vierecke, Dreiecke und Kreise sind es? Anzahlen aufschreiben.
Gegebenenfalls in vorgegebenen Farben ausmalen.

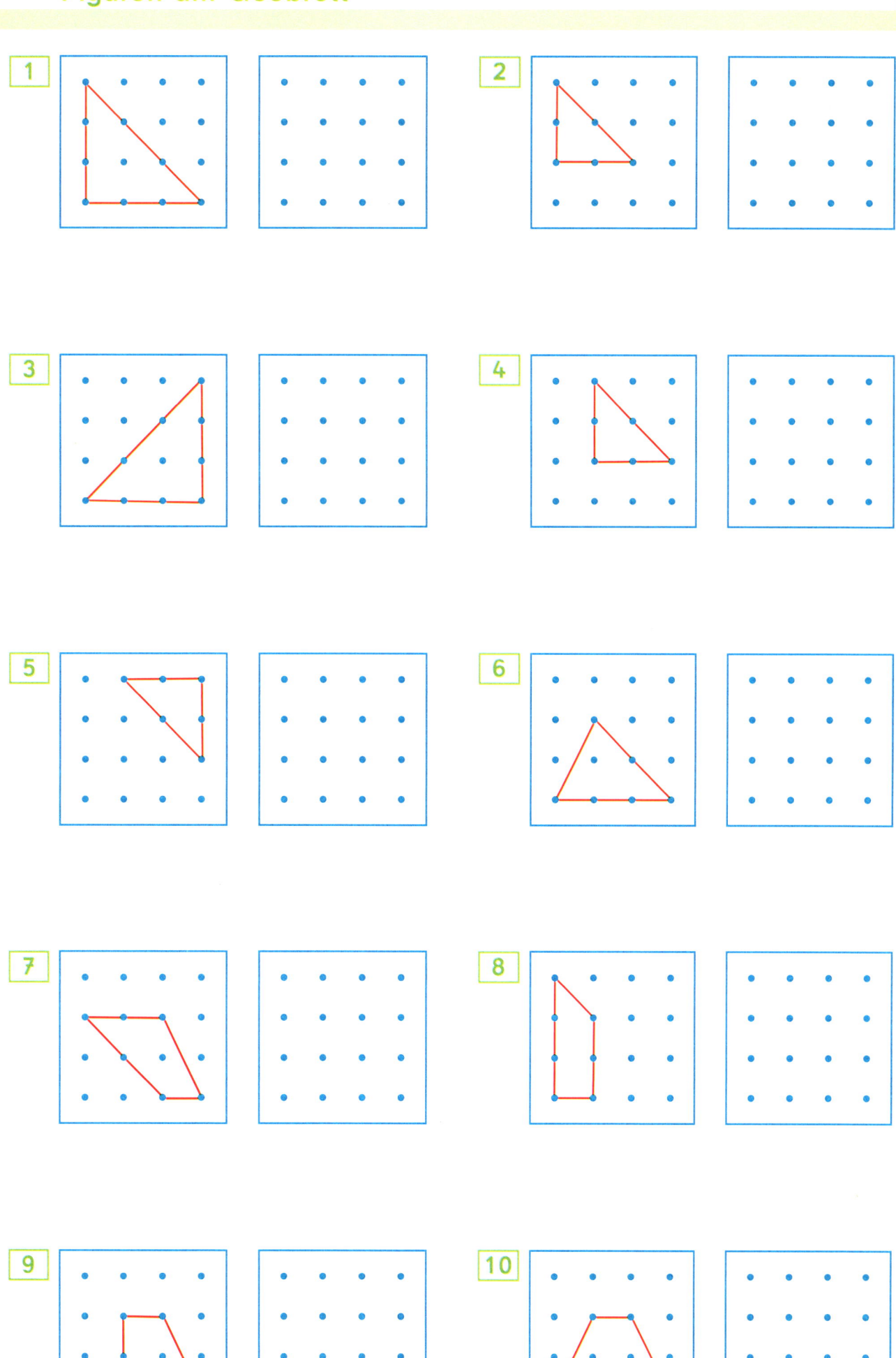

bis ☐ Dreiecke spannen, dann nachzeichnen.
bis ☐ Vierecke spannen, dann nachzeichnen.

**1**

① ② ③ ④ ⑤

**2**

① ② ③ ④ ⑤

**3**

1, 2 Nach Anleitung Rechtecke und Quadrate falten und ausschneiden.
3 Mit ausgeschnittenen Rechtecken und Quadraten ein Formenbild legen und kleben.

**1**

① ② ③ ④ ⑤

**2**

① ② ③ ④ ⑤

**3**

1, 2 Nach Anleitung Dreiecke falten und ausschneiden.
3 Mit ausgeschnittenen Dreiecken ein Formenbild legen und kleben.

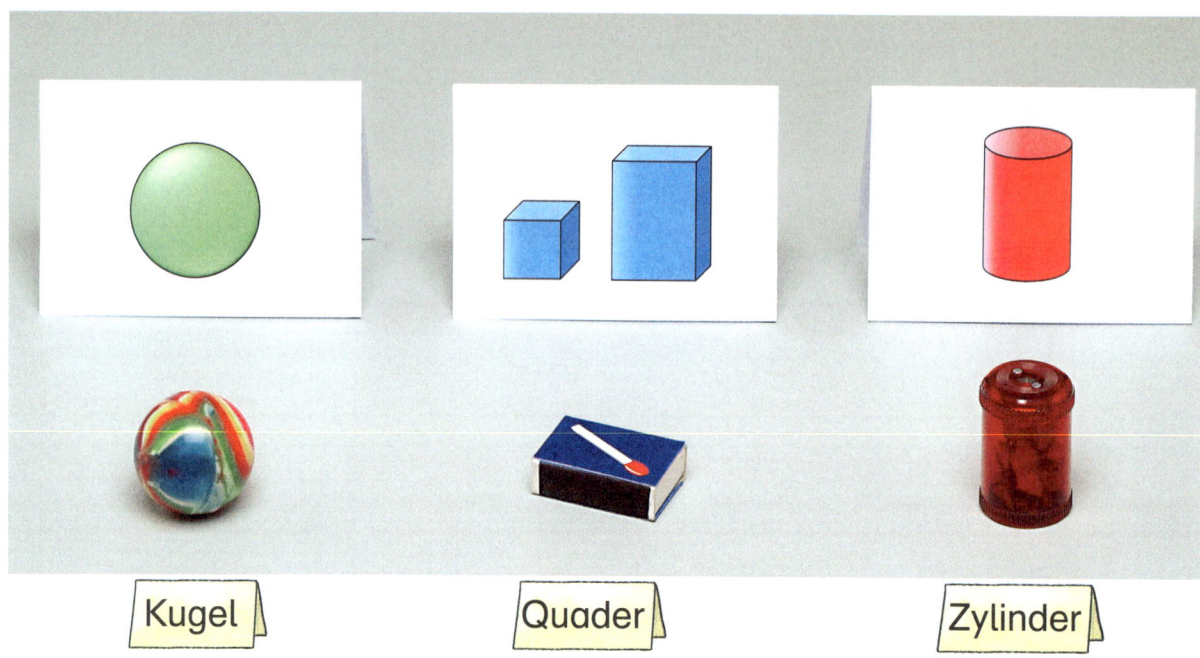

| Kugel | Quader | Zylinder |

**1**

Gegenstände mit dem passenden Körper verbinden.

**1**

**2**

**3**

bis Immer vier Dinge haben diese Körperform. Diese einkreisen.

# Körpereigenschaften

1

2

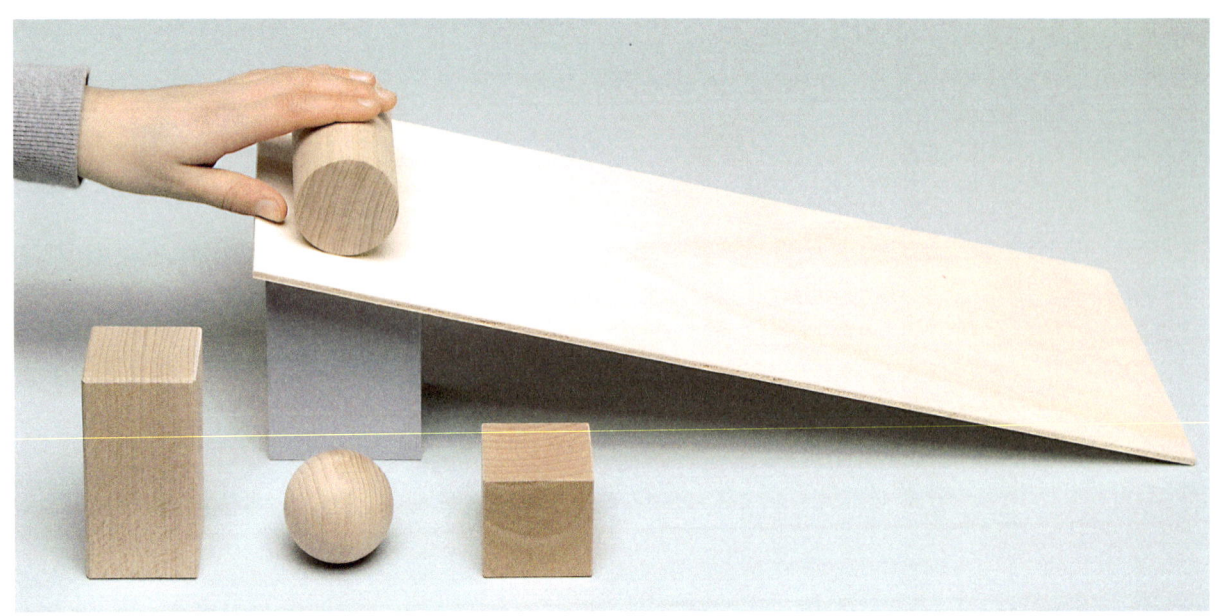

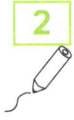

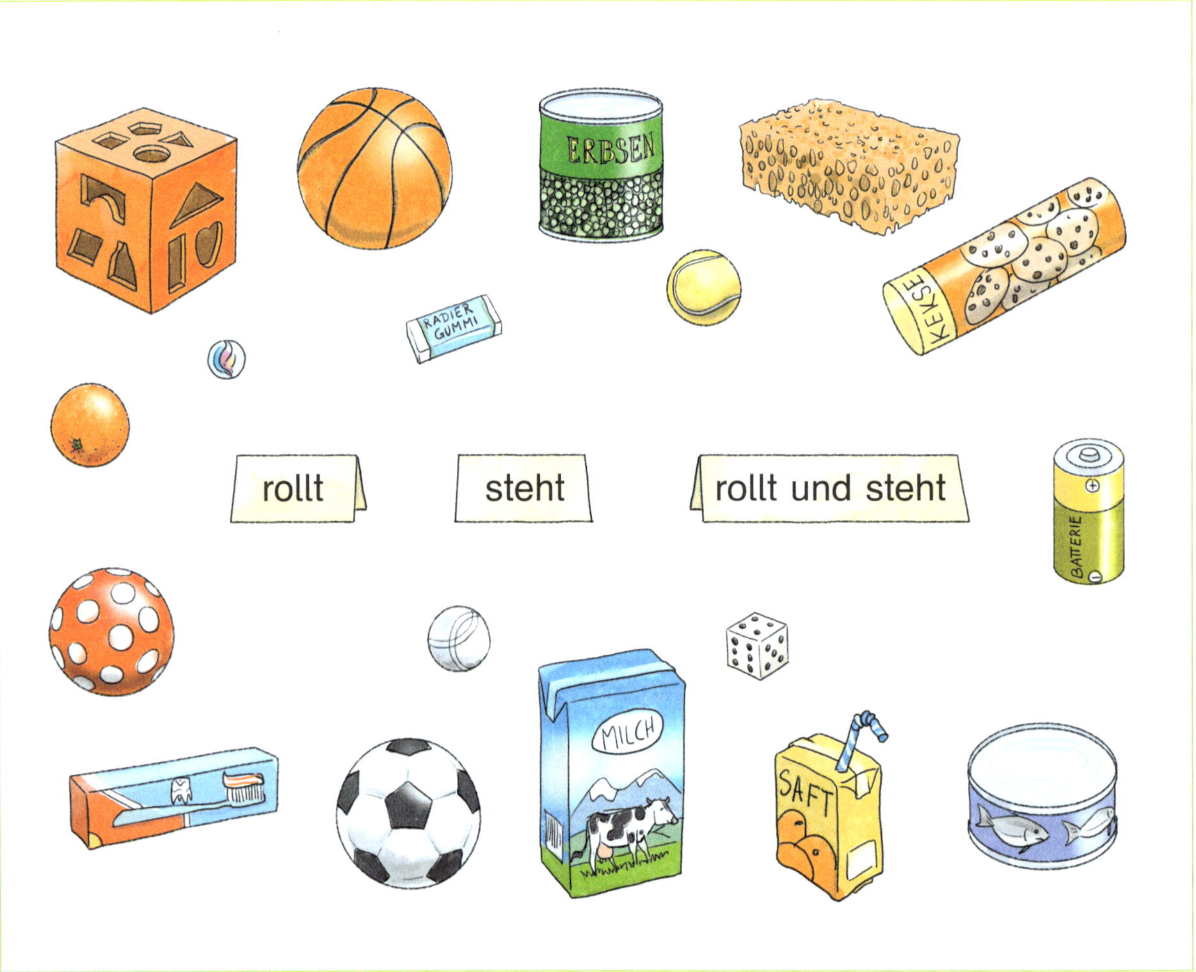
ERBSEN
RADIER GUMMI
KEKSE
rollt
steht
rollt und steht
BATTERIE
MILCH
SAFT

1 Selbst ausprobieren, welche Körper rollen, stehen, rollen und stehen.
2 Verbinden, was passt.

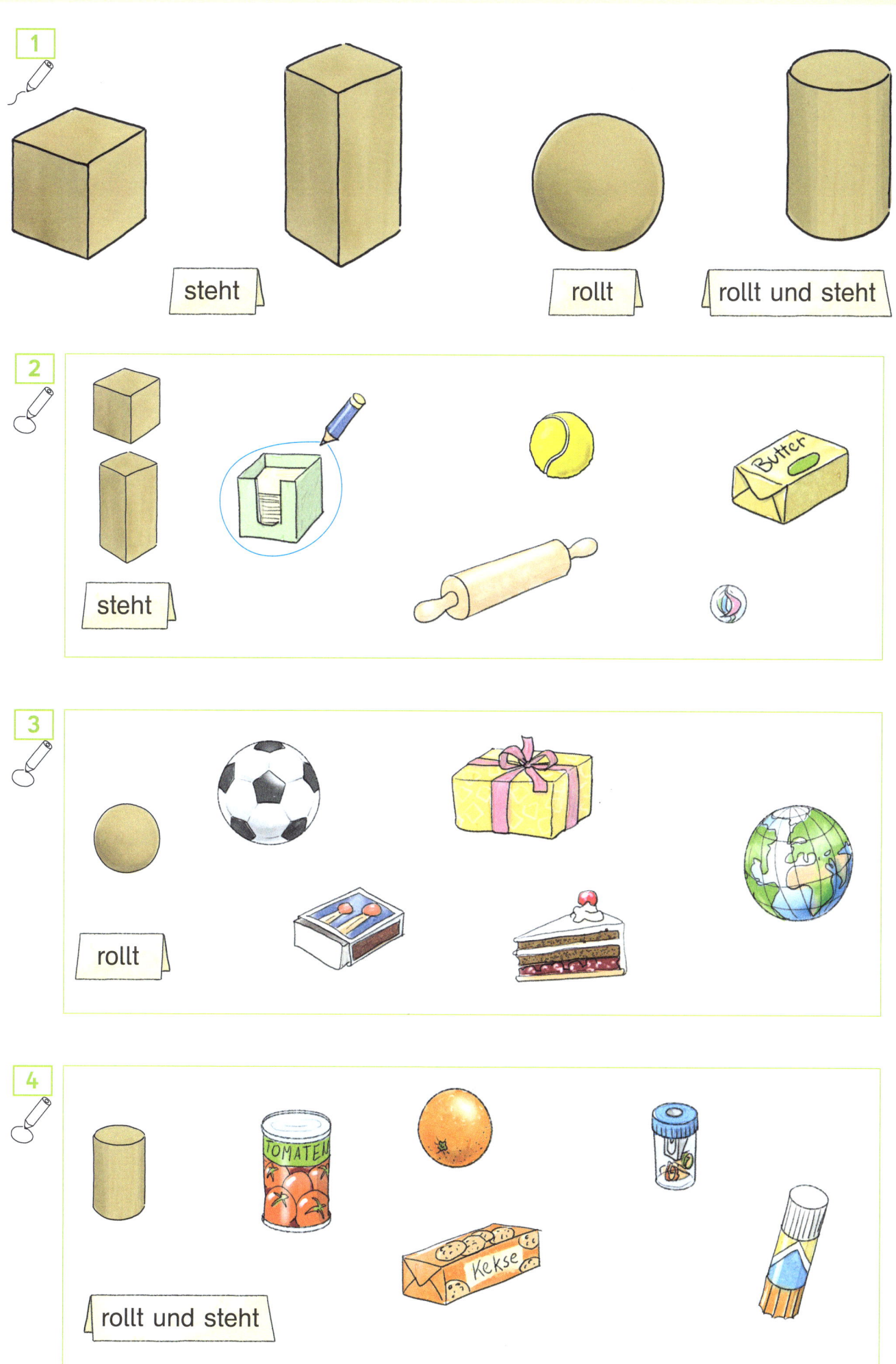

**1** steht · rollt · rollt und steht

**2** steht

**3** rollt

**4** rollt und steht

Verbinden, was passt. bis Einkreisen, welche Körper rollen, stehen, rollen und stehen.

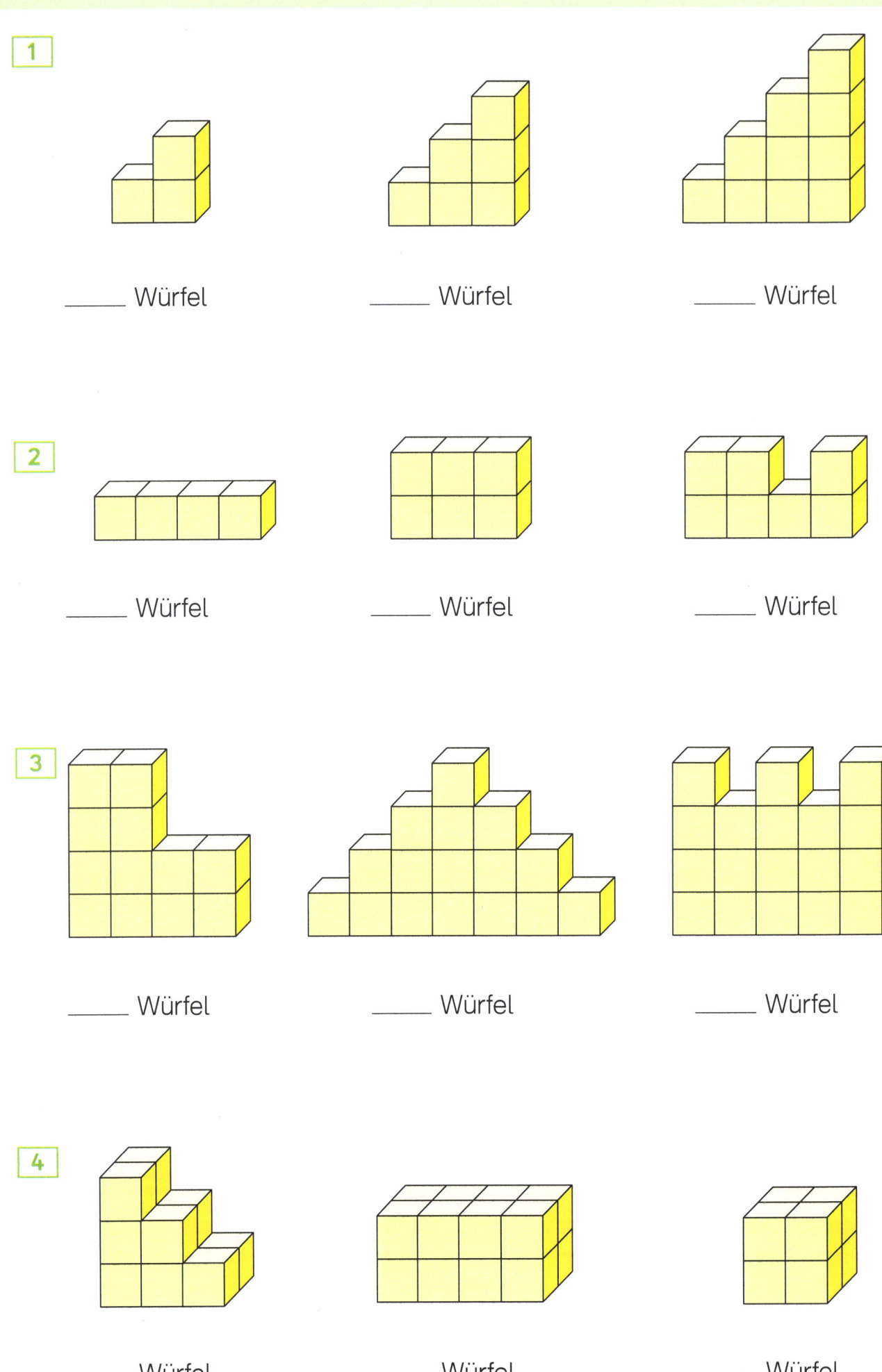

1

_____ Würfel          _____ Würfel          _____ Würfel

2

_____ Würfel          _____ Würfel          _____ Würfel

3

_____ Würfel          _____ Würfel          _____ Würfel

4

_____ Würfel          _____ Würfel          _____ Würfel

1 bis 4 Würfelgebäude nachbauen. Würfel zählen, Anzahl notieren.